Weltweite Weidewirtschaft

Das sind Lisa und Martha, zwei Milchkühe von Bauer Brockmann. Er ist ein Mi _ _ _ _ bauer. Sein Hof liegt im äußersten Westen von D _ _ _ _ _ _ _ _ _ _.

Weidewirtschaft – Was ist das?
Die Weidewirtschaft ist eine Form der Landwirtschaft. Hierbei ist die wirtschaftliche Grundlage eines Bauernhofes (einer Farm) die Weidefläche, die meist von Rindern oder Schafen beweidet wird.

Rindvieh gibt's doch überall. Hier, schau mal auf den Globus!

OKTOPUS zeigt dir auf den folgenden Seiten Beispiele der Weidewirtschaft in zwei verschiedenen Ländern. Sie liegen über 20 000 Kilometer voneinander entfernt auf der nördlichen und der südlichen Erdhalbkugel.

Das ist die Riesenranch „Newcastle Waters". Sie liegt auf der S _ _ seite der Erde in A _ _ _ _ _ _ _ _ _ _ _ _ _ und ist eine R _ _ _ _ _ _ farm. Hier werden auf einer riesigen Weide Fleischrinder gezüchtet.

Rinder – weltweit und nützlich

Schau mal in der Karte nach, wo es die meisten Rindviecher gibt.
Trage die Namen der Staaten hier ein.
Färbe die acht Länder, die die meisten Rinder halten, in der Karte gelb.

1. _____
2. _____
3. _____
4. _____
5. _____
6. _____
7. _____
8. _____

Rinderbestand: Wer hat die meisten Rinder?

STOP INFO

Hallo, Rinderfreunde! Hier gibt's Infos, eine schöne Suchaufgabe zum Fernsehprogramm und einen Tafeltext, der von euch noch ergänzt werden muß. Also, ran ans Rindvieh!

Das Rind – So steht's im Lexikon oder Tierbuch

_____
_____
_____
_____
_____
_____
_____
_____
_____
_____

Wo stammen diese Ri... rassen her?
Siehe ⓐ – ⓔ in der K...

ⓐ Texas Longhorn
_____

ⓑ Hereford Rind
_____

ⓒ Harzer Rotvieh
_____

ⓓ Charolais Rind
_____

ⓔ Brahman Rind
_____

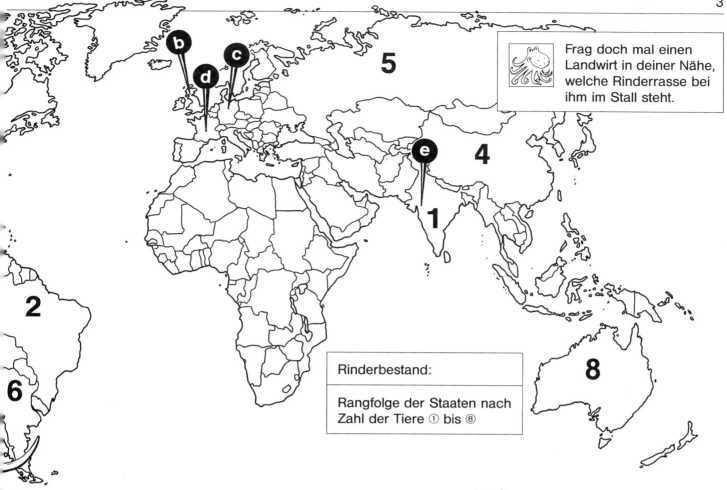

Frag doch mal einen Landwirt in deiner Nähe, welche Rinderrasse bei ihm im Stall steht.

Rinderbestand:

Rangfolge der Staaten nach Zahl der Tiere ① bis ⑧

Das Rind, ein Nutztier

Ergänze den Text. Lückenwörter: Milch, Lederwaren, männliche, Fleisch, Zugtiere, leistungsfähige, Haut, Nachkommen, Hörnern

Ochsen sind m _ _ _ _ _ _ _ _ _ Tiere, die nach einer einfachen Operation (Kastrieren) keine N _ _ _ _ _ _ _ _ _ mehr haben können. Ochsen waren früher Z _ _ _ _ _ _ _. Heute liefern vier- bis sechsjährige Mastochsen sehr gutes Fleisch.

Kühe: Eine Kuh lieferte 1995 etwa 6500 l M _ _ _ _ pro Jahr.

Bullen sorgen für l _ _ _ _ _ _ _ _ - _ _ _ _ _ _ Nachkommen. Zweijährige Bullen liefern gutes F _ _ _ _ _ _.

Die H _ _ _ der Rinder wird zu L _ _ _ _ _ verarbeitet.

Aus den H _ _ _ _ _ _ können Knöpfe gemacht werden.

Welche Milchprodukte kennst du?

4 „Newcastle Waters" – Bullenstaub im Norden Australiens

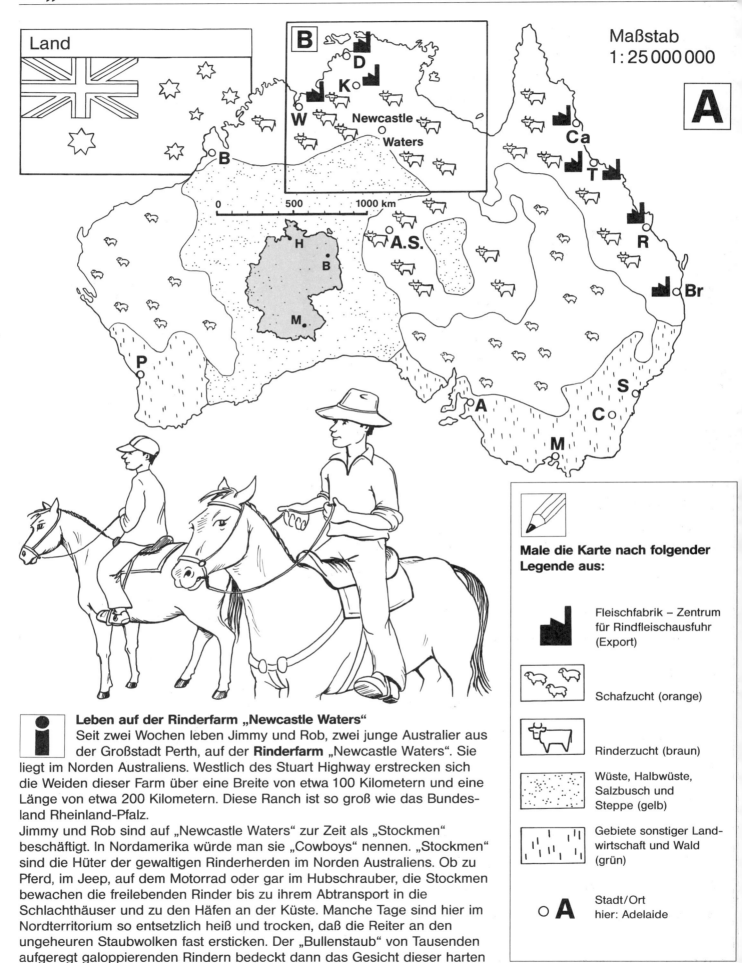

Leben auf der Rinderfarm „Newcastle Waters"

Seit zwei Wochen leben Jimmy und Rob, zwei junge Australier aus der Großstadt Perth, auf der **Rinderfarm** „Newcastle Waters". Sie liegt im Norden Australiens. Westlich des Stuart Highway erstrecken sich die Weiden dieser Farm über eine Breite von etwa 100 Kilometern und eine Länge von etwa 200 Kilometern. Diese Ranch ist so groß wie das Bundesland Rheinland-Pfalz.

Jimmy und Rob sind auf „Newcastle Waters" zur Zeit als „Stockmen" beschäftigt. In Nordamerika würde man sie „Cowboys" nennen. „Stockmen" sind die Hüter der gewaltigen Rinderherden im Norden Australiens. Ob zu Pferd, im Jeep, auf dem Motorrad oder gar im Hubschrauber, die Stockmen bewachen die freilebenden Rinder bis zu ihrem Abtransport in die Schlachthäuser und zu den Häfen an der Küste. Manche Tage sind hier im Nordterritorium so entsetzlich heiß und trocken, daß die Reiter an den ungeheuren Staubwolken fast ersticken. Der „Bullenstaub" von Tausenden aufgeregt galoppierenden Rindern bedeckt dann das Gesicht dieser harten

Männer. Zum Glück gibt es auch in der trockenen Zeit genügend Wasser. Es sind meist künstliche Wasserstellen, an denen die Rinder trinken. Ein Wasserbecken ist 2 Meter hoch und reicht 3 Meter tief in die Erde. Tagsüber pumpt ein Dieselmotor Wasser aus der Tiefe des ausgetrockneten Bodens herauf und läßt es in das Becken plätschern. An einer langen Trinkrinne aus Blech stillt das Weidevieh seinen Durst.

Jimmy und Rob wissen nach wenigen Tagen längst, was es bedeutet, wenn die Viehhüter hier draußen von der „Never-Never" (Niemals – Niemals) sprechen. Der merkwürdige Name bezeichnet die grenzenlosen, menschenleeren Wüsten und Steppen im australischen **Outback,** dem Landesinneren des Kontinents. Hier und da, oft Hunderte von Kilometern getrennt, liegen einsame Rinderfarmen, „Stations" genannt. Zu ihnen gehören die ungeheuer großen Rinderweiden. Die Rinderzucht ist aber nur dort möglich, wo der Boden auch in der Trockenzeit Wasser spendet. Hartes, dünnes Gras und Steppenpflanzen bedecken den Boden dieser kargen Landschaften. Der nächste Nachbar von „Newcastle Waters" wohnt 300 Kilometer weiter westlich. Dazwischen herrscht grenzenlose Einsamkeit. Bald werden jedoch die „Drover", die Treiber, auf „Newcastle Waters" eintreffen. „Drover" sind wildniserfahrene Männer, die gegen Ende der trockenen Zeit die Rinderherden von den Weiden zu den Gattern der Verladestationen treiben. Rob und Jimmy schließen sich den Treibern an.

Bestimme mit Hilfe deiner Atlaskarte Australien die in der Karte auf Seite 4 eingezeichneten Städte und schreibe sie auf.

D _ _ _ _ _

K _ _ _ _ _ _ _

W _ _ _ _ _ _ _

B _ _ _ _ _ _

P _ _ _ _

A _ _ _ _ _ _ _

M _ _ _ _ _ _ _

C _ _ _ _ _ _

S _ _ _ _ _

Br _ _ _ _ _ _ _

R _ _ _ _ _ _ _

T _ _ _ _ _ _ _

Ca _ _ _ _ _

A _ _ _ _ _ _ S _ _ _ _ _ _

Maßstab 1:10 000 000

B

Fernstraße

Die Namen einiger Städte Australiens sind verzaubert.
Findest du sie heraus?
DYSNEY, RANRABEC, ELBURNEMO, TERPH, BANBRISE, EDELAIDA, ICESPRINGSAL.

Viehtrieb zum Gatter Nr. 7

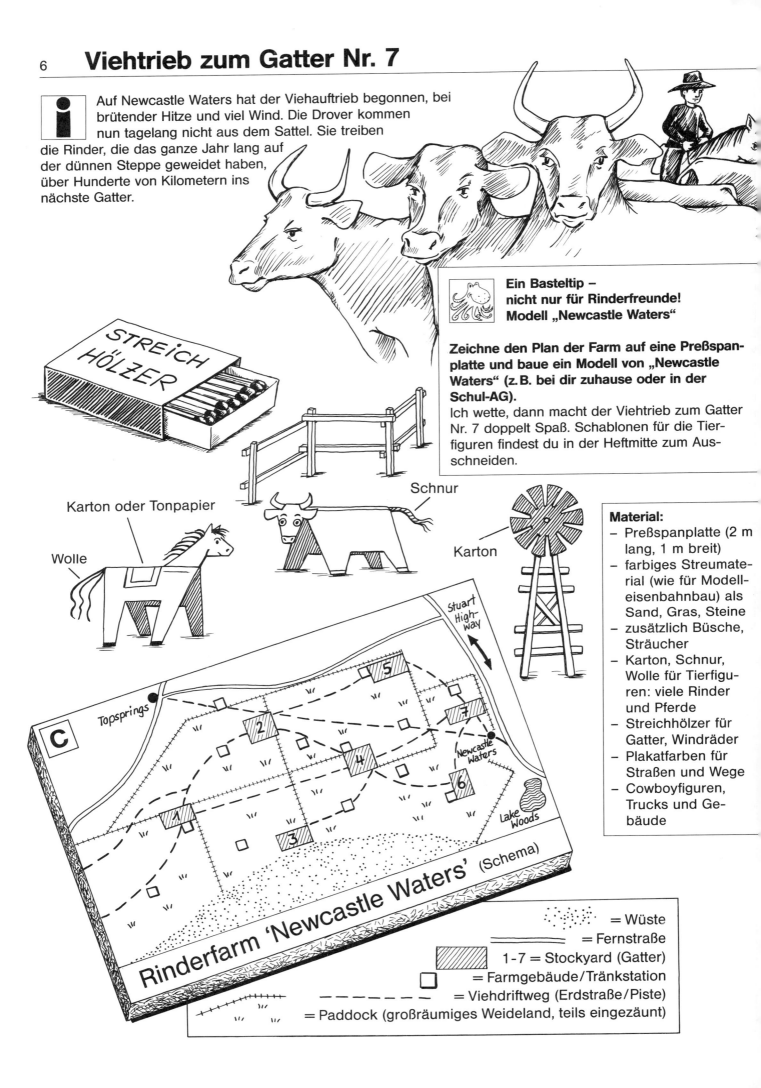

Auf Newcastle Waters hat der Viehauftrieb begonnen, bei brütender Hitze und viel Wind. Die Drover kommen nun tagelang nicht aus dem Sattel. Sie treiben die Rinder, die das ganze Jahr lang auf der dünnen Steppe geweidet haben, über Hunderte von Kilometern ins nächste Gatter.

**Ein Basteltip –
nicht nur für Rinderfreunde!
Modell „Newcastle Waters"**

Zeichne den Plan der Farm auf eine Preßspanplatte und baue ein Modell von „Newcastle Waters" (z.B. bei dir zuhause oder in der Schul-AG).
Ich wette, dann macht der Viehtrieb zum Gatter Nr. 7 doppelt Spaß. Schablonen für die Tierfiguren findest du in der Heftmitte zum Ausschneiden.

Material:
- Preßspanplatte (2 m lang, 1 m breit)
- farbiges Streumaterial (wie für Modelleisenbahnbau) als Sand, Gras, Steine
- zusätzlich Büsche, Sträucher
- Karton, Schnur, Wolle für Tierfiguren: viele Rinder und Pferde
- Streichhölzer für Gatter, Windräder
- Plakatfarben für Straßen und Wege
- Cowboyfiguren, Trucks und Gebäude

Rinderfarm 'Newcastle Waters' (Schema)

= Wüste
= Fernstraße
1-7 = Stockyard (Gatter)
= Farmgebäude/Tränkstation
= Viehdriftweg (Erdstraße/Piste)
= Paddock (großräumiges Weideland, teils eingezäunt)

Betrachte die Bilder und ergänze den Text mit den folgenden Wörtern: Nordterritorium, Viehtransport, Zucht, kräftigsten, aggressiv, Gatter, Abwechslung, Zählen und Sortieren, Japan, Knochenbrüche, Konservenfabrik

Auf der Riesenranch im N_____-_____ sind die Drover mit ihrer Herde an G_____ Nr. 7 angelangt (Bild 1). Doch die schwierigste Arbeit steht ihnen noch bevor: das Z_____ und S_____ der Rinder (Bild 2). Die Drover riskieren K_____-_____ bei ihrer Arbeit, denn die verängstigten Rinder reagieren manchmal recht a_____ (Bild 3). Heute geht es besonders hoch her. 800 Stück Vieh müssen sortiert werden. Die Hälfte davon wurde an eine K_____-_____ auf den Philippinen verkauft, fast genauso viele gehen nach Japan ins Schlachthaus. Nur ein kleiner Rest der Rinder wird auf eine Z_____ in Westaustralien gebracht. Der Käufer hat die Wahl. Er will nur die k_____ Tiere, denn sie müssen ja noch eine strapaziöse Reise überstehen. Unter den Drovern sind viele junge Männer aus den Großstädten Perth, Adelaide, Melbourne und Sydney. In dem harten und entbehrungsreichen Job suchen sie wie Jimmy und Rob Abenteuer und A_____-_____ vom alltäglichen Leben. Bald beginnt auf Newcastle Waters das Warten. Warten auf fünf **Roadtrains,** das sind riesige Trucks, die der Verwalter für den V_____ bestellt hat (Bild 4).

Solange wir hier warten, schnell noch ein Rätsel. Wie nennt man das Landesinnere Australiens mit seinen menschenleeren Wüsten und Steppen?

Lösung zur Sprechblase:
_ _ _ _ _ _

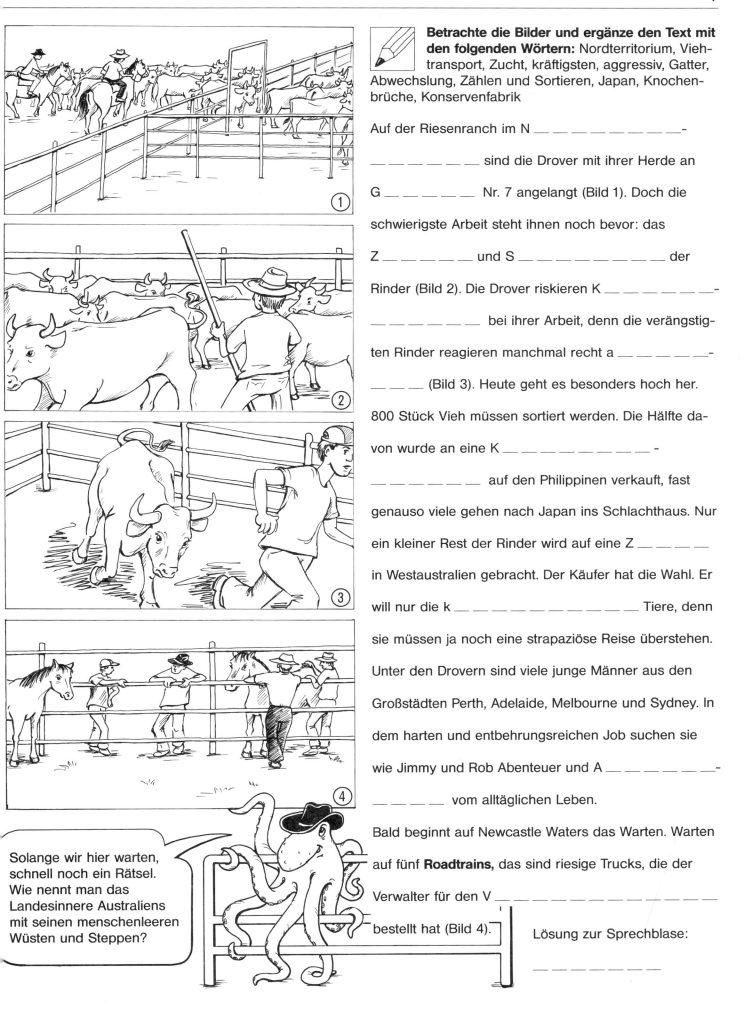

Roadtrains – rollende Rinderställe

Der letzte Akt beim Viehauftrieb hat begonnen: Durch Laufgitter werden die Rinder auf die Verladerampe getrieben. Dabei werden die ängstlichen Tiere sehr grob behandelt, denn kein Rind will freiwillig in den fahrbaren Stall gehen. Immer 56 Rinder finden Platz auf jedem der doppelstöckigen Spezialanhänger. Von den Drovern ist noch mal aller Einsatz gefordert. Bis Mittag muß die Aktion beendet sein. Auch die Trucker packen zu.

Beschreibe mit deinen Worten das nebenstehende Bild und gib ihm eine passende Überschrift. Vergleiche auch mit den Bildern auf Seite 7.

Ausschneidebogen

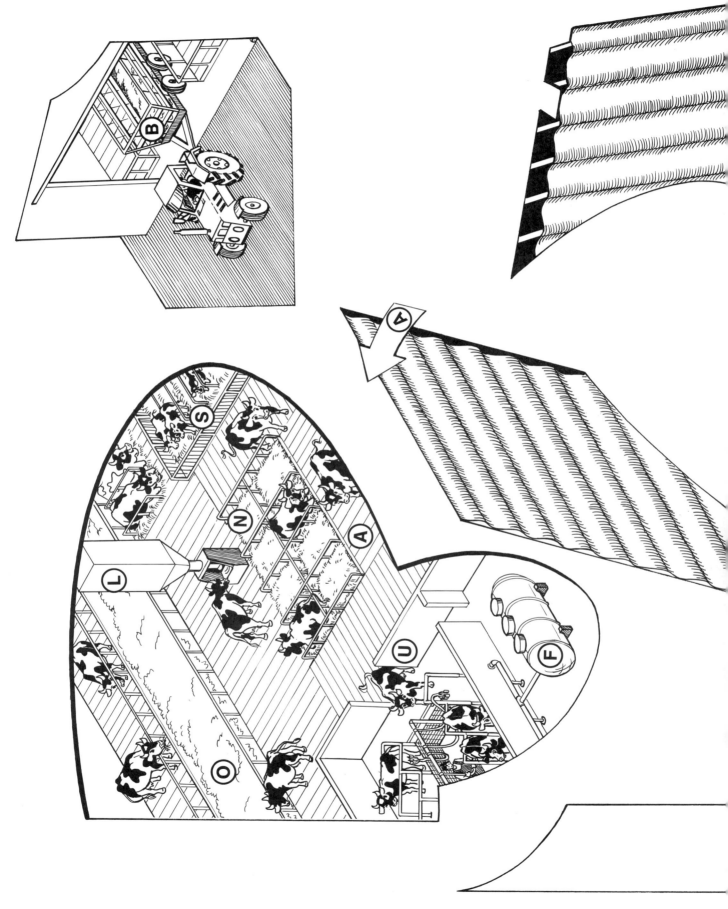

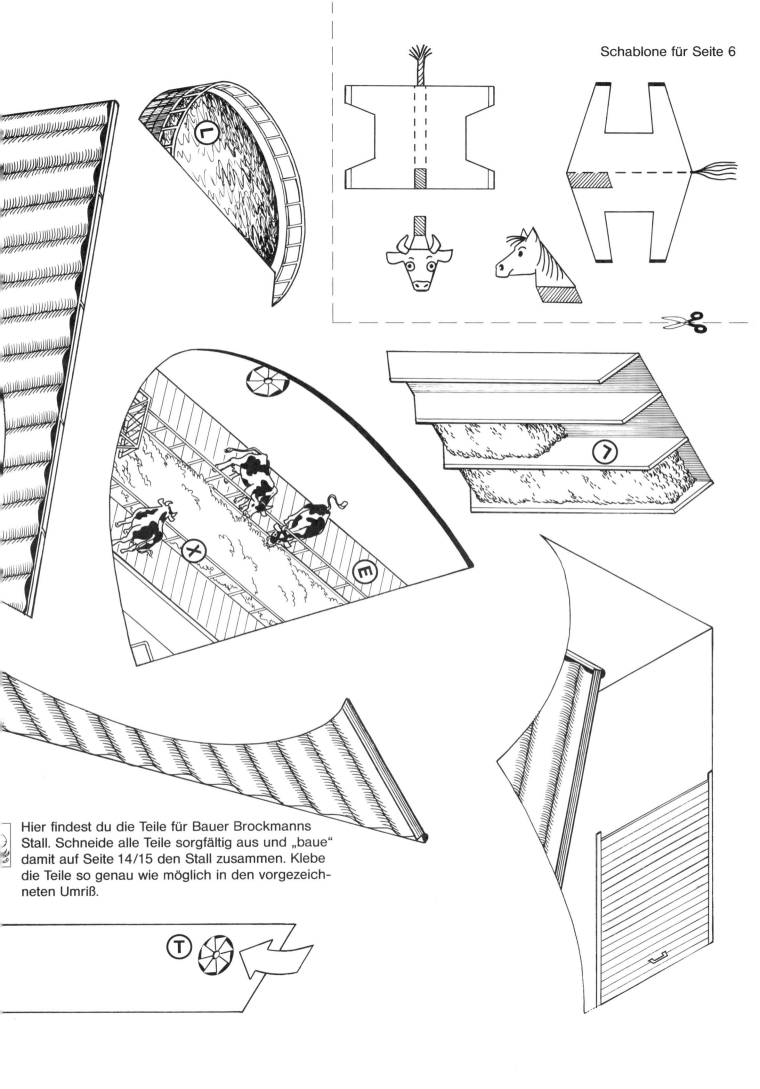

Schablone für Seite 6

Hier findest du die Teile für Bauer Brockmanns Stall. Schneide alle Teile sorgfältig aus und „baue" damit auf Seite 14/15 den Stall zusammen. Klebe die Teile so genau wie möglich in den vorgezeichneten Umriß.

Wenn alles nach Plan läuft, werden die Rinder morgen früh im Hafen von Darwin aufs Schiff verladen und eine Woche später geschlachtet sein.
Abfahrt am Gatter Nr. 7. Die Trucker machen sich einen Spaß daraus, ihre Abfahrt eindrucksvoll in Szene zu setzen. Mit der lebenden Fracht muß der Zug die Nacht durchfahren. Da ist es nicht so heiß und das Risiko geringer, daß Tiere auf dem Transport sterben.
Auf die Drover warten nun wieder die üblichen Arbeiten: Zäune flicken, Brunnen bohren, Kälber impfen.

Extensive Viehhaltung – Was ist das?
Die **Rinderzucht** in Nordaustralien gehört zu den Formen der **extensiven** Viehhaltung.

Das Wort „extensiv" bedeutet „auf großen Flächen, aber mit möglichst geringem Aufwand". In Australien wird die Rinderzucht mit weit weniger Aufwand betrieben als die Viehhaltung in Europa. Kennzeichen der extensiven Weidewirtschaft sind:
- keine Ställe für die Weidetiere,
- kein Einsatz von Futterzusatzstoffen oder Chemikalien zur Aufzucht der Tiere,
- kein Einsatz von Dünger auf den Viehweiden,
- geringer Einsatz von Geld und Arbeit: Nur wenige Arbeitskräfte (Viehhüter, Farmarbeiter) behüten das Weidevieh und führen notwendige Farmarbeiten aus.
- Die meist riesige Fläche wird nur von vergleichsweise wenigen Tieren beweidet.

So weiden z. B. auf der Farm „Newcastle Waters" etwa 80 000 Rinder. Jedes Rind hat rechnerisch 25 Hektar Futterfläche zur Verfügung, das entspricht etwa 36 Fußballplätzen. Auf 36 Fußballplätzen grast also ein einziges Rind – für uns kaum vorstellbar.

Kleine Rindermathematik
Auf Newcastle Waters sind fünf Roadtrains eingetroffen. Jeder dieser Viehtransporter hat einen Auflieger und zwei Anhänger, in denen jeweils etwa 60 Tiere Platz haben. Wie viele Rinder werden mit dem gesamten Transport befördert?

___ _____

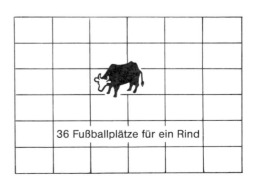

36 Fußballplätze für ein Rind

Verbreitung extensiver Rinderzucht: z.B. in Australien, Argentinien, Südafrika.

Merinos, Merinos – die Wollweltmeister

145 000 000 Schafe! ...
weideten 1994 in Australien. Während die Rinderzucht in den nördlichen Landesteilen verbreitet ist, liegen die **Schaffarmen** im südöstlichen Teil und in Westaustralien. Vor allem in den Bundesstaaten (**a** bis **d**) ist die **Schafzucht** weit verbreitet.

Wir merken uns:
Auch die australische Schafzucht ist eine Form der **extensiven** Viehhaltung. Ohne größeren Aufwand an Maschinen, Geld, Arbeits-kräften oder Futtermitteln weiden Millionen von Wollschafen auf riesigen Flächen von natürlichem Grasland. Schafe bleiben das ganze Jahr auf der Weide. Nur zur Schafschur werden sie in die Gatter getrieben, die zur Schafstation mit dem Farmgebäude gehören.

a _____
b _____
c _____
d _____

Wer sind die Wollweltmeister?
Hier siehst du die sieben Staaten, die die größte Menge an Schafwolle erzeugen. Schreibe unter jeden Wollballen den Namen des jeweiligen Erzeugerlandes und male die Staatsflächen farbig aus.

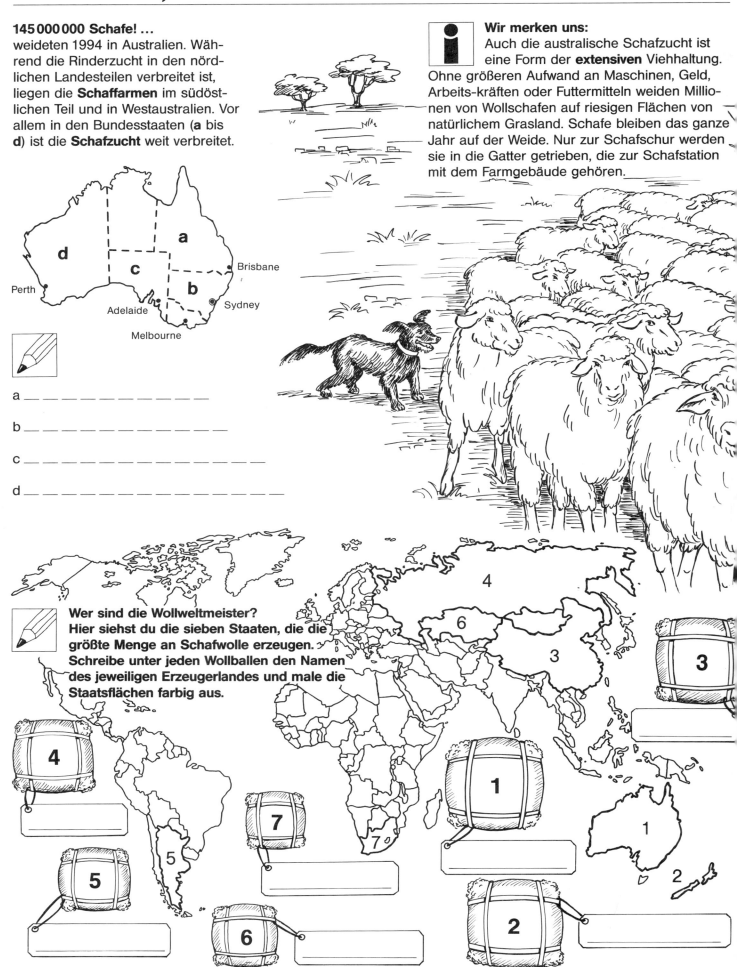

Die Schafe von „Lorraine Station"

„Lorraine Station" liegt im Süden von Queensland bei Cunnamulla. Auf der 40 000 Hektar großen Schaffarm leben die Farmerfamilie Moginie, vier Hausangestellte und Arbeiter sowie 35 000 Merinos.

Über einen Tiefbrunnen werden die unterirdischen Wasservorräte angezapft und damit Mensch und Vieh mit Wasser versorgt. Weit verstreut weiden die Schafe der Moginies auf der spärlichen Grasdecke. Meist ist Jim Moginie mit seinem Pferd oder dem Landrover auf den Weiden unterwegs. Er teilt die Arbeit ein und sorgt dafür, daß die Schafe, die das ganze Jahr über draußen sind, zu den richtigen Weideplätzen geführt werden.

Wenig Kapital und Arbeitskräfte sind notwendig für die Schafzucht. Alles was man braucht ist viel Land, gute Hirtenhunde und eine Handvoll Arbeiter. Die riesigen Herden werden von Schafscherern geschoren, die als Wanderarbeiter in Gruppen von Farm zu Farm ziehen.

Jim Moginies größte Sorge sind die Buschfeuer, die oft verheerende Schäden anrichten. Großen Kummer bereiten ihm zur Zeit die Preise auf dem Wollmarkt. In den letzten Jahren war die Nachfrage nach australischer **Schafwolle** so gering, daß auch Farmer Moginie auf einem Teil seiner Wolle sitzen blieb. Nur mit dem ersparten Geld aus guten Jahren und staatlicher Hilfe konnten die Moginies die Farm halten.

Setze in den Text über das Hausschaf die folgenden Wörter und eine Zahl ein: Schafdärmen, weibliche, karg, Wolle, 10 000, Gehörn, Mufflon, Widder, genügsam, Jungtier, Kosmetika

Schafe, die ältesten Haustiere?

Vermutlich ja. Denn Schafe werden schon seit ungefähr _ _ _ _ _ Jahren vom Menschen gehalten und gezüchtet. Die Stammform unseres Hausschafes ist das M _ _ _ _ _ _. Hausschafe sind sehr

g _ _ _ _ _ _ _ und können auch noch dort gehalten werden, wo die Weide für Rinder zu k _ _ _ _ ist (z. B. Hochgebirge, Steppen).

Das w _ _ _ _ _ _ _ Tier nennt man Schaf, das männliche

W _ _ _ _ _ und das J _ _ _ _ _ _ _ Lamm.

Bei den meisten Rassen trägt nur der Widder ein G _ _ _ _ _ _. Neben

Fleisch und Milch liefert das Schaf vor allem W _ _ _ _. Das Wollfett

(Lanolin) wird für K _ _ _ _ _ _ _ (z. B. Hautcremes) verwendet.

Aus den S _ _ _ _ _ _ _ _ _ stellt man Violinsaiten her.

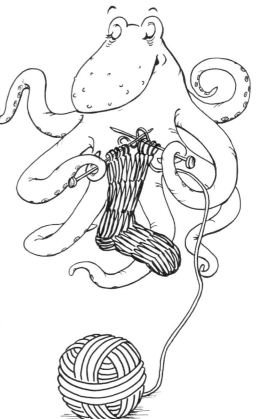

Besuch bei Bauer Brockmann

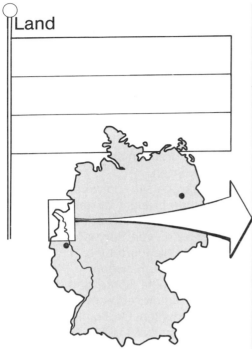

Land

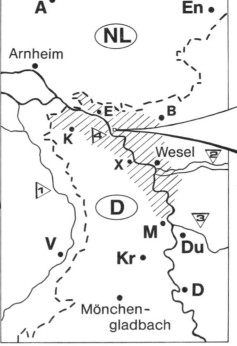

Hier sind diese Kühe zuhause.

Bauer Brockmanns Grünlandwirtschaft

Im Westen Deutschlands, dort wo der Rhein schon breit und behäbig seiner Mündung entgegenströmt, liegt der Hof von Bauer Brockmann und seiner Familie. Hier, am Niederrhein, wächst saftiges Gras auf grünen Weiden. Links und rechts des Rheins erstreckt sich Grünland so weit das Auge reicht. Grünland – was heißt das? Grünland sind Wiesen und Weiden – die Grundlage der **Grünlandwirtschaft**. So könnte man sagen, Bauer Brockmann sei ein „Grünlandwirt", der mit seinen Milchkühen auf dem Brockmann-Hof viel Milch erzeugt. Eine andere Nutzung der Böden wäre kaum möglich, denn sie sind zwar fruchtbar, aber von vielen Bächen und Wassergräben übernäßt. Getreideanbau ist also nicht möglich.

Auf den Wiesen und Weiden hat Herr Brockmann die Grassorten gesät, die eine reiche Ernte bringen und robust gegen Wildkräuter sind. Um den Grasertrag noch zu steigern, düngt Herr Brockmann im Abstand von einigen Wochen das Grünland mit Gülle. Das stinkt zwar gewaltig und belastet die Böden, aber das Futter für das Weidevieh wächst danach noch kräftiger. Das Weidevieh sind die 60 Milchkühe und noch einmal so viele Jungtiere der Brockmanns. Von Frühjahr (April) bis Spätherbst (Oktober) grasen die Tiere auf der Weide. Nur die Wiesen bleiben „kuhfrei". Sie werden gemäht und liefern den Grasvorrat für die Winterzeit. Ein kleinerer Teil des gemähten Grases wird als Heu getrocknet, der größere Teil wird in ein Silo eingefüllt und mit Folie luftdicht abgeschlossen. Das ist eine gute Methode, Gras haltbar zu machen und die Nährstoffe für die Tiere zu erhalten.

Am Abend treiben die Brockmanns ihre Milchkühe zurück zum Hof in einen modernen Stall, wo sie gemolken werden und zusätzliches Kraftfutter bekommen.

Grünlandwirtschaft

Sie ist eine **intensive** Form der Weidewirtschaft. Der Futterbau auf Wiesen und Weiden ist die Grundlage dieser Form der Landwirtschaft.

Zwischen welchen beiden Städten am Niederrhein liegt der Brockmann-Hof?

_____
_____

	Städte/Orte:	**Wiese oder Weide?**
Bestimme mit Hilfe einer Atlaskarte alle gekennzeichneten Städte/Orte und Flüsse der Kartenskizze.	A _____	Als **Wiese** bezeichnet man eine geschlossene, meist feuchte Bodenfläche, die mit Gräsern, Kleearten und Kräutern bewachsen ist. Die meisten Wiesen sind durch die Bewirtschaftung des Menschen entstanden. Sie wurden angelegt, um Tiere mit Futtergras zu versorgen.
	En _____	
	V _____	
Staaten:	K _____	
NL _____	E _____	Eine **Weide** ist Grünland, das von Weidetieren (Rinder, Schafe) abgegrast wird. Die Weidewirtschaft ist neben dem Ackerbau eine andere Form der landwirtschaftlichen Bodennutzung.
D _____	B _____	
Flüsse:	X _____	
1 _____	M _____	
2 _____	Du _____	
3 _____	Kr _____	
4 _____	D _____	

Der Brockmann-Hof von A bis Z

 Am Abend halten sich Bauer Brockmanns Kühe in diesem modernen Stall auf. In ihm können sie frei herumlaufen, ruhen oder die Futterstellen aufsuchen. Die Kühe gehen sogar selbständig zum Melkstand. Früh morgens und spät abends ist Melkzeit. Bis zu 25 Liter Milch holt die Melkmaschine aus dem Euter einer Milchkuh.

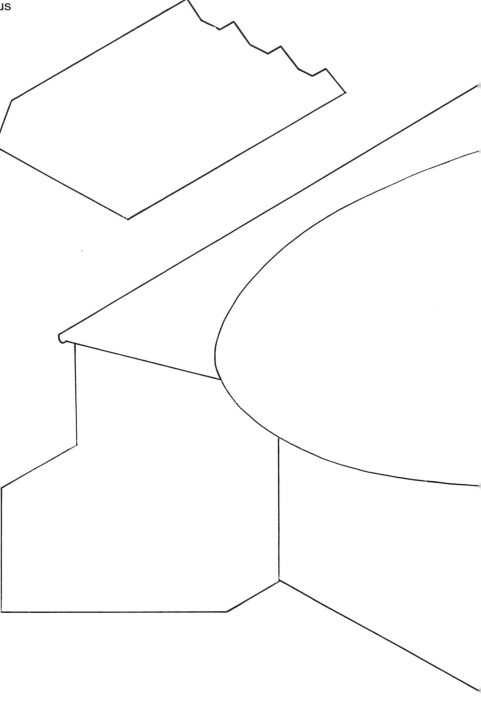

Kuhstallrätsel
Ordne allen Teilen und Einrichtungen dieses Stalls den richtigen Kennbuchstaben zu und lies in der senkrechten Spalte das Lösungswort ab. Es verrät dir, wie man einen solchen Stall bezeichnet.

Kennbuchstabe

	Traktor mit Ladewagen
	Grünfutter
	Freßgitter
	Freß- und Laufgang
	Liegeboxen
	Kraftfutterstation
	Laufgang
	Melkstand
	Kühltank (Milchkammer)
	Kälberstall
	Belüftung
	Entlüftung
	Güllesilo
	Silo für Gras

Wenn du in diese Umrißskizze alle Ausschneideteile des Schnittbogens (siehe Heftmitte) an die richtige Stelle klebst, erhältst du einen Einblick in den modernen Kuhstall der Brockmanns.

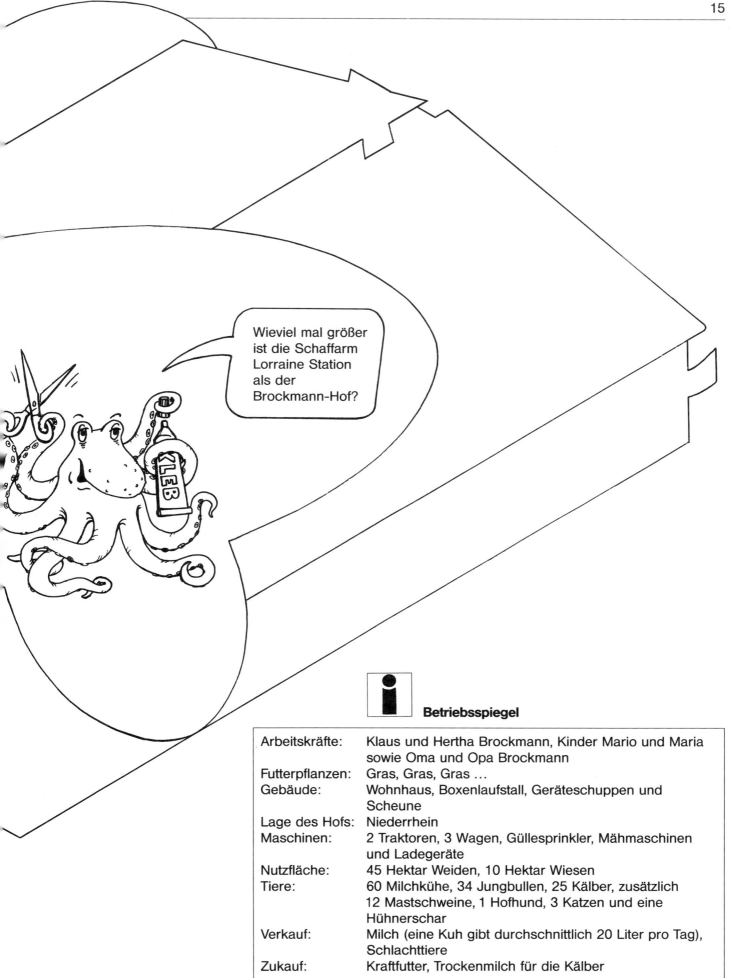

Wieviel mal größer ist die Schaffarm Lorraine Station als der Brockmann-Hof?

Betriebsspiegel

Arbeitskräfte:	Klaus und Hertha Brockmann, Kinder Mario und Maria sowie Oma und Opa Brockmann
Futterpflanzen:	Gras, Gras, Gras …
Gebäude:	Wohnhaus, Boxenlaufstall, Geräteschuppen und Scheune
Lage des Hofs:	Niederrhein
Maschinen:	2 Traktoren, 3 Wagen, Güllesprinkler, Mähmaschinen und Ladegeräte
Nutzfläche:	45 Hektar Weiden, 10 Hektar Wiesen
Tiere:	60 Milchkühe, 34 Jungbullen, 25 Kälber, zusätzlich 12 Mastschweine, 1 Hofhund, 3 Katzen und eine Hühnerschar
Verkauf:	Milch (eine Kuh gibt durchschnittlich 20 Liter pro Tag), Schlachttiere
Zukauf:	Kraftfutter, Trockenmilch für die Kälber

Auf die Alm und wieder runter – Almwirtschaft

Seit vielen Generationen bewirtschaftet die Familie Höfner nun schon den „Höfner-Hof". Er liegt in den Alpen, in einem Tal bei Oberstdorf. Die Höfners sind Bergbauern und betreiben eine **Almwirtschaft**.

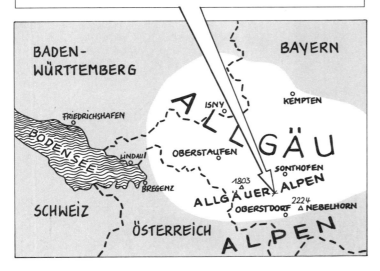

Es ist Mitte April, der Frühling kriecht nun auch die Berge hoch. Das Jungvieh der Höfners, insgesamt 13 Jungbullen und Kälber, weidet in 1400 Meter Höhe auf der V _ _ _ _ _ _. Die Voralmen liegen zwischen der L _ _ _ _ _ _ _ _ _ - und der N _ _ _ _ _ - _ _ _ _ grenze. Hier bleiben die Tiere bis Mitte Mai.

Dann wird es auch an den Berggipfeln so warm, daß der Schnee in der Höhe schmilzt. Jetzt ist es Zeit, das Jungvieh auf die H _ _ _ _ _ _ _ zu treiben. Den ganzen Sommer über finden die Tiere auf den Grasflächen oberhalb der B _ _ _ _ _ _ _ _ _ noch genügend Futter. Auf diese Weise werden die Wiesen und Weiden im Tal geschont.

In diesem Sommer darf Mathias, der zwölfjährige Sohn, zum ersten Mal mit auf die Hochalm. Dort hütet er mit Anton, einem erfahrenen Helfer der Höfners, das Jungvieh. Sechs Wochen verbringt Mathias nun in der Berghütte oberhalb der Baumgrenze. Aus dieser Höhe sieht er den Hof seiner Eltern, winzig klein am Rande der T _ _ _ _ _ _ _ _ _ _ _.

Im Herbst, wenn die ersten Stürme einsetzen und der Schnee in der Höhe schon liegen bleibt, ist **Almabtrieb**. Jetzt, Ende September, kehrt das Jungvieh vom Höfner-Hof prächtig geschmückt in den heimatlichen Stall ins Tal zurück.

Vervollständige den Text und die Skizze mit den folgenden Begriffen: Schneegrenze, Voralm, Baumgrenze, Talsiedlung (Dorf), Hochalm, Nadelwaldgrenze, Laubwaldgrenze.